AF312690

POUR ET CONTRE,

COMÉDIE

EN UN ACTE,

EN PROSE ET VAUDEVILLES,

Par BOURGUEIL.

Représenté sur le théâtre du Vaudeville.

A PARIS,

Chez BARBA, Libraire, Palais du Tribunat, galerie derrière
le théâtre Français de la République, n°. 51.

AN X. (1802.)

Yth_14534

PERSONNAGES.	ACTEURS.
ELVIRE, jeune veuve.	Mme *Lescot..*
DERCOUR, son amant.	*Henry.*
DOLBAN, oncle d'Elvire.	*Rosières.*
GEORGE, ⎫ domestiques d'Elvire. ⎧	*Carpentier.*
ANETTE. ⎭ ⎩	Mme *Blosseville.*

La scène est à la campagne, chez Elvire.

POUR ET CONTRE,

COMÉDIE.

SCENE PREMIERE.

Le théâtre représente un jardin ; d'un côté est un pavillon, de l'autre sont des bosquets.

GEORGE, ANETTE.

(Ils préparent un déjeûné, elle est dans le premier bosquet où elle arrange la table, lui est dans le jardin et remplit une corbeille de fruits.

GEORGE.

Ai : *Il était un oiseau gris.*

Premier couplet.

Inquiet et soupçonneux,
    Ou bien joyeux,
L'amour est léger, malin,
    Ou bien chagrin,
Il change de ton, d'humeur,
    Suivant le cœur ;
ANETTE, *achevant le couplet.*
Et lorsque ce dieu d'un cœur
    Devient vainqueur,
Chacun malgré nous l'apperçoit. (*b. s.*)
Oui ! plus il se cache, mieux on le voit.

GEORGE.
Second couplet.

Chez l'amant jeune et naïf,
    Il est craintif.
Chez le vieil et sombre époux,
    Il est jaloux ;
Chez Anette, il est honteux
    Et curieux.

(4)

TOUS LES DEUX.

Et lorsque ce dieu, etc.

GEORGE.

Troisième couplet.

A la ville il trompe , il ment,
Le plus souvent :
Au hameau c'est le désir ,
Puis le plaisir :
Pour qui d'Anette a le cœur ,
C'est le bonheur.

TOUS DEUX.

Et lorsque ce dieu , etc.

(*Elle sort du bosquet.*)

GEORGE.

Je n'ai pourtant appris cette chanson que parce que ton nom s'y trouve et parce qu'il est bien vrai...

ANETTE.

Que si tu avais mon cœur , tu serais heureux.

GEORGE.

J'allais le dire.

ANETTE.

Tu me l'a dit cent fois.

GEORGE.

Il est des choses qu'on se plait à répéter.

ANETTE.

Mais ta chanson dit que chacun s'en apperçoit.

GEORGE.

Et qu'est-ce que cela me ferait à moi, je ne suis pas comme l'amant de notre maîtresse.

ANETTE.

Tu ne l'aimes pas.

GEORGE.

Ce n'est pas que je ne l'aime pas...

ANETTE, *l'interrompant.*

Voyons , voyons si rien ne manque au déjeûné.

GEORGE.

Non.

ANETTE.

Et les journaux.

GEORGE.

Je les oubliais. (*Il les tire de sa poche , et les lui remet en comptant.*) Un , deux , trois , quatre , cinq , six , sept , huit , neuf, dix, onze...) Il faut que notre maîtresse ait bien de la patience si elle lit tout cela : à quoi cela sert-il ?

A N E T T E.

Ces papiers-là ?...

Air : Le lendemain.

Oh ! rien n'est plus utile :
Par tous ces journaux on sait,
Aux faubourgs, dans la ville,
Ce que la veille on a fait :

G E O R G E.

Je croirais plus nécessaire
Celui qui, chaque matin,
Dirait ce qui doit se faire
Le lendemain.

A N E T T E.

Quelquefois ils amusent.

G E O R G E.

Tu les lis donc ?

A N E T T E.

L'article *Spectacles* et l'article *Variétés*... par exemple, cette querelle sur les femmes...

G E O R G E.

Elle t'amuse ?

A N E T T E.

Quand on en dit du bien, mais par fois aussi on en dit beaucoup de mal.

G E O R G E.

C'est qu'il y a du bien et du mal à en dire.

A N E T T E.

Comme des hommes.

G E O R G E.

Je l'avoue ; et dans l'instant, comme nous parlions de l'amant de notre maîtresse...

A N E T T E.

Tu allais m'en dire du mal. Mais pourquoi ? Elvire et lui se conviennent : ils sont tous deux jeunes, aimables, riches.

G E O R G E.

Oui.

A N E T T E.

Ils s'aiment.

G E O R G E,

Hé ! hé !

ANETTE.

La solitude où elle vit.

GEORGE.

C'est une belle chose que la solitude quand on n'y est pas seul.

ANETTE.

Depuis près de quatre mois qu'Elvire s'est retirée dans cette terre, elle n'y a reçu personne...

GEORGE.

Que son amant : aussi y vient-il tous les jours : n'a-t-il pas même loué une chambre chez un fermier des environs pour retourner moins souvent à Paris, et pourtant il n'y a qu'une lieue.

ANETTE.

Preuve de plus, de l'attachement qu'ils ont l'un pour l'autre.

GEORGE.

Je ne doute pas de la sincérité de notre maîtresse.

ANETTE.

Pourquoi douterais-tu de celle de son amant ?

GEORGE.

C'est lui qui l'a engagée à venir dans cette terre.

ANETTE.

Il est vrai.

GEORGE.

C'est lui qui l'empêche d'y recevoir personne, même ses parens.

ANETTE.

C'est encore vrai.

GEORGE.

Quelle peut en être la raison ?

ANETTE.

Cela ressemble à de la jalousie.

GEORGE.

Dans les commencemens rien de plus naturel, le deuil de notre maîtresse durait encore : mais voilà deux mois qu'il est fini, et toujours elle est retenue ici : elle ne saurait voir le monde.

ANETTE.

Je pense comme toi, c'est une bizarrerie.

GEORGE.

Il est libre de sa personne ; elle est maîtresse des ses volontés , et il ne dit pas un mot de mariage.

ANETTE.

Oui , c'est étrange.

GEORGE.

Ce secret-là , depuis qu'il n'est plus utile , me devient suspect.

ANETTE.

J'y ai songé.

GEORGE.

Air : *De la légère.*

Pourquoi taire,
Qu'il préfère
Femme en tout digne de plaire ,
Pourquoi faire ,
Ce mystère ,
De ses feux
Est-il honteux ?

ANETTE.

Pour quelle vaine chimère
Vouloir cacher en ces lieux,
Qu'Elvire à son cœur est chère
Quand son choix est glorieux ?

GEORGE

Deux amans , libres tous deux,
Si leur amour est sincère,
Peuvent-ils craindre les yeux
Des jaloux , des curieux ?

TOUS DEUX.

Pourquoi taire,
Qu'il préfère
Femme en tout digne de plaire ,
Pourquoi faire,
Ce mystère ,
De ses feux
Il est honteux ?

GEORGE.

D'ailleurs , si elle était mariée , elle retournerait à Paris , et nous y ménerait peut-être. Je ne serais pas fâché de le voir, on dit qu'il est si grand.

ANETTE.

Je serais bien aise aussi d'y aller.

GEORGE.

Et puis la curiosité que tout ce mystère excite ; les propos qu'on tient dans les environs.

ANETTE.

Notre maitresse a confiance en nous , il faut l'avertir.

GEORGE.

Soit.

ANETTE.

Ce matin même.

GEORGE.

Ce matin... mais si tu voulais, nous pourrions mieux faire.

ANETTE.

Comment ?

GEORGE.

Je crains que tu ne me grondes.

ANETTE.

Dis toujours.

GEORGE.

Eh bien ! hier... si je parle tu vas te fâcher.

ANETTE.

Je ne sais pas si je me fâcherai quand tu auras parlé ; mais il est sûr que je vais me fâcher si tu ne parles pas.

GEORGE.

Je parle : tu sauras donc qu'hier... Quelqu'un vient.

ANETTE.

C'est lui.

GEORGE.

Déjà.

SCENE II.

DERCOUR, GEORGE, ANETTE.

DERCOUR.

Bonjour , Anette , bonjour , George... Elvire n'est peut être pas encore éveillée.

ANETTE.

Il n'y a pas long-tems.

GEORGE.

Aussi vous arrivez de bonne heure ; il faut que vous vous soyez levé avant le soleil.

DERCOUR.

Eh ! que m'importe le soleil ! c'est un autre astre qui règle mes jours.

Air : *Du Prisonnier.*

Tant que je n'ai pas retrouvé
La beauté que mon cœur adore,
Envain le soleil est levé,
A mes yeux il est nuit encore :
Mais sitôt que je la revoi,
Tout s'anime, tout se colore,
Son prémier regard est pour moi,
Le premier rayon de l'aurore.

ANETTE.

En ce cas je vais voir s'il fait jour pour vous. . . Madame,
je crois, ne tardera pas à descendre, voilà son déjeûné que
nous venons de préparer. (*Dercour va s'asseoir sur un banc
en rêvant.*)

GEORGE, *à part, à Anette.*

Tâche de revenir bientôt.

ANETTE, *à George.*

S'il s'en va nous parlerons.

GEORGE, *à Anette.*

Et je te dirai mon projet.

(*Ils sortent ; George par un côté du théâtre, Anette par
l'autre.*)

SCENE III.

DERCOUR, *seul.*

Il faut absolument que j'aille à Paris, moi-même, ce matin, et que demain ces couplets paraissent. (*il tire un papier
de sa poche.*) Cette fois mon adversaire a les rieurs pour
lui. . . . ils ne lui resteront pas... quel dommage de n'oser si-
gner. . . Mais vingt fois je m'en suis apperçu : si Elvire savait
que dans cette querelle sur les femmes, c'est moi qui ai pris
parti contre elle, elle s'en offenserait... Et dans le monde !
si jamais on apprend, si mes amis découvrent que cet ennemi de l'amour passe sa vie à la campagne à soupirer... que de
railleries il me faudra essuyer ! je ne pourrai plus me montrer... que ma position est pénible.

Air : *Un amant sensible et discret.*

Il est doux d'entendre louer
Et ses couplets et sa tendresse,

B

Mais moi je ne puis avouer
Ni ma muse, ni ma maitresse :
Cacher un si doux sentiment ,
N'oser montrer chanson bien faite,
C'est bien cruel pour un amant
Et plus cruel pour un poëte.

Où cela me mène-t-il ? le deuil d'Elvire est expiré ; sans cette vanité puérite ma félicité serait assurée ; par une sotte honte, je me prive du bonheur de posséder une femme charmante qui m'aime, que j'adore. . . . Mais être hué, baffoué, chansonné... que m'importe !

Air : *J'arrive à pied de province.*

Je renonce à la satyre...
(il regarde sa chanson.)
Ces couplets sont bien...
Mais toujours railler, médire,
Quel style est le mien !
(il regarde encore ses couplets.)
Pourtant ce serait dommage
De brûler cela !
Désormais je serai sage,
Encor ces trois-là!

Dieux ! Elvire vient !

(Il cache ses couplets, et, en les mettant précipitamment dans sa poche, il les laisse tomber, sans s'en appercevoir, près du bosquet, dans un buisson de fleurs.)

SCENE·IV.

DELCOUR, ELVIRE, *en habit du matin.*

ELVIRE.

Eh ! bonjour, mon cher Dercour, quel hasard favorable vous amène si matin.

DERCOUR.

Je suis obligé d'aller à Paris , et je n'ai pas voulu partir sans prendre congé de vous et sans vous demander vos commissions.

ELVIRE.

Vous allez à Paris !... vous m'aviez promis de passer la journée avec moi.

DERCOUR.

Je ne m'arrêterai qu'un instant, et dans moins d'une heure je serai de retour.

ELVIRE.

Mais quelle affaire subite et si pressée... Vous n'en saviez donc rien hier au soir, vous ne m'en aviez rien dit.

DERCOUR.

Il est vrai que j'ignorais... c'est cette nuit...

ELVIRE.

Comment, cette nuit.

DERCOUR.

Hier soir, en rentrant... (*à part.*) Je ne sais que lui dire !

ELVIRE.

Eh quoi ! de l'inquiétude ! de l'embarras ! vous m'alarmez... Auriez-vous appris quelque nouvelle fâcheuse ?

DERCOUR.

Non. Oh ! non.

ELVIRE.

Vous me l'assurez ?

DERCOUR.

Je vous le proteste.

ELVIRE.

Mais alors pourquoi ce mystère, je dirais presque du trouble ? . . .

DERCOUR.

Du trouble. Oh !

ELVIRE.

Vous avez des secrets pour moi.

DERCOUR.

Ce n'est point un secret, mais...

ELVIRE.

Non : ce n'est pas un secret, mais c'est une chose que vous ne voulez pas dire.

DERCOUR, *à part.*

Maudits couplets.

ELVIRE.

Savez-vous qu'il ne tiendrait qu'à moi d'avoir des soupçons.

DERCOUR.

Ciel ! que dites-vous ?

ELVIRE.

Oui : cette retraite...

DERCOUR.

Près de vous , me semble un lieu enchanté.

ELVIRE

N'y voir que moi ?

DERCOUR.

C'est tout ce qu'il faut à mon bonheur. Quoi ! réellement, vous me soupçonneriez ?

ELVIRE.

Comme un autre.

Air : *Fragment d'une Cavatine de Tomeoni.*

Eh ! tout homme est volage ,
Aujourd'hui c'est l'usage ,
Ce n'est qu'un badinage
Pour votre vanité.
On veut plaire , plaire , plaire ,
L'amant le plus sincère
Nous fait par vanité
Une infidélité.   *(bis.)*

DERCOUR.

Mon cœur serait volage !

ELVIRE.

Eh ! n'est-ce pas l'usage ?

DERCOUR.

Elvire, quel langage !

ELVIRE.

Oui, tout homme est volage.

DERCOUR.

Oh ! c'est un badinage.

ELVIRE.

Oui, c'est un badinage
Pour votre vanité.

DERCOUR.

Vous oseriez, cruelle ?...

ELVIRE.

Est-ce être si cruelle ?

DERCOUR.

Moi, me croire infidèle !...

ELVIRE.

De vous croire infidèle !...

DERCOUR.

Oui , cruelle,
Oui , cruelle,
Oui, soyez sûr, cruelle,
Que je vous suis fidèle !
Croyez-moi.

ELVIRE.
Je vous crois.

DERCOUR.
Croyez-moi,
Croyez moi.

ELVIRE
Eh bien, oui ! je vous crois.

ENSEMBLE.

ELVIRE.	DERCOUR
Mais tout homme est volage,	Mon cœur serait volage !
Aujourd'hui, c'est l'usage,	Elvire, quel langage !
Et c'est un badinage,	Oh ! c'est un badinage,
Pour votre vanité,	Je mets ma vanité,
Q'une infidélité, *bis.*	Dans ma fidélité, *bis.*
Une infidélité	De ma fidélité,
Se fait par vanité.	Oui, je fais vanité.

*(George apporte l'eau pour le thé, et ressort à l'instant.
Elvire va s'asseoir dans le bosquet.)*

DERCOUR.
Si je m'en croyais, je lui avouerais tout, et je déchirerais cette chanson.

ELVIRE.
Venez donc vous asseoir, vous mangerez bien un fruit.

DERCOUR.
L'heure me presse. . . (*il s'assied.*) mais je ne puis vous laisser un soupçon...

ELVIRE, *en versant le thé.*
Bon ! n'allez-vous pas prendre sérieusement une plaisanterie?... (*elle ouvre un journal et y jette les yeux.*) Ah ! il n'y a rien aujourd'hui sur les femmes... Puisque vous allez à Paris et que vous voulez bien vous charger de mes commissions, sachez donc le nom des deux auteurs qui ont la bonté de se quereller pour nous : déjà vous m'aviez promis de vous en informer. Vous conviendrez que ce démêlé n'a pas le sens commun, et que celui qui écrit contre les femmes... Prenez donc une pêche. (*elle lui en offre une.*)

DERCOUR.
Vous dites que celui qui écrit contre les femmes...

ELVIRE.
Est ridicule.

DERCOUR, *à part.*

Les couplets seront déchirés.

ELVIRE.

Au reste, il a été bien maltraité, la dernière réponse de son adversaire est charmante.

DERCOUR, *à part.*

Les couplets paraîtront.

ELVIRE, *tenant toujours les journaux et déjeûnant en même tems.*

Il n'y répond pas aujourd'hui.

DERCOUR, *à part.*

Il y répondra.

ELVIRE

Et je doute même qu'il y réponde.

DERCOUR.

Vous croyez.

ELVIRE.

Oui, et il fera bien : la satyre en elle-même est méprisable.

DERCOUR, *à part.*

Il faut les sacrifier.

ELVIRE.

D'ailleurs la lutte est inégale.

DERCOUR, *à part.*

Ils seront imprimés.

ELVIRE.

Il ne pourra rien répondre, vous dis-je, il est écrasé.

DERCOUR, *à part.*

N'hésitons plus... (*haut*, *en se levant.*) Je vous quitte, je pourrais arriver trop tard.

ELVIRE.

Vous reviendrez ?...

DERCOUR.

Dans une heure.

(*Il lui baise la main et sort avec précipitation.*)

SCENE V.

ELVIRE, *seule : elle regarde sortir Dercour avec surprise et inquiétude.*

Qu'a-t-il? jamais je ne l'ai vu dans cette agitation... Mais

que dis-je ? oui , depuis quelque tems je lui remarque de l'inquiétude... Mes soupçons seraient-ils fondés ? aurait-il cessé
de m'aimer , lui pour qui j'ai tout quitté , le monde , mes amis ,
mes parens et cet oncle chéri qui gémit, j'en suis sure , du secret que je lui fais de ma retraite ! que de peines il se sera
données pour la découvrir. Ah ! si Dercour cessait de m'aimer , je sens que je serais bien à plaindre. (*elle garde quelques instans le silence.*)

Air : *Amour , seul tu peux assurer.*

Premier couplet.

Qu'en amour c'est un sort fatal
  De craindre l'inconstance,
Et le seul remède à ce mal ,
  Est dans l'indifférence :
Mais quand on a reçu des cieux
Un cœur faible et sensible ,
Un tel mal est bien douloureux,
  Le remède impossible.

Second couplet.

Non, Dercour n'est point inconstant ,
  Et ma frayeur est vaine :
Mais combien de cœur en aimant
  La paix est incertaine !
Tout est pour lui trouble , embarras,
  Il flote dans le doute,
Et les maux qu'il ne souffre pas,
  Hélas il les redoute.

Il ne se peut pas que Dercour me trahisse. (*elle apperçoit
le papier qu'il a perdu.*) Que vois-je ? (*elle ramasse le papier avec un grand trouble et ne fait qu'y jeter les yeux.*)
Des vers !... oui, et de sa main. Seraient-ils de lui ? je ne lui
connaissais pas ce talent. Ah! ce sont des vers qu'il aura fait
pour moi. Quelle grace, quelle délicatesse dans la manière de
me les faire parvenir ! N'oser me les offrir lui-même ! me les
faire trouver... là.. comme par hasard.! au milieu des fleurs..
j'étais bien injuste... (*elle lit quelque chose des couplets.*)
Mais... (*elle lit encore.*) mais... (*elle lit.*) Je me trompais
fort ! Dercour aurait fait ces couplets ! je ne puis le croire.

   (*George et Anette entrent, Elvire cache le papier qu'elle
tient.*)

SCENE VI.

ELVIRE, GEORGE, ANETTE.

(George et Anette, au fond du théâtre, se font des signes;
aucun des deux ne veut approcher le premier.)

ELVIRE, *voyant leur embarras.*

Eh bien ! qu'est-ce ? que vous voulez-vous ?

GEORGE.

Madame, c'est Anette...

ANETTE.

Oui, madame, c'est George.

ELVIRE.

Je vois bien que c'est vous et George.

GEORGE.

Madame, c'est qu'elle a peur...

ANETTE.

Oui, madame, c'est qu'il craint...

GEORGE.

Mais notre bonne intention...

ANETTE.

Notre attachement...

ELVIRE.

Ah ! je devine... Il y a déjà quelques tems que je m'apper-
çois que vous vous aimez.

GEORGE.

Oh ! j'aime Anette, c'est bien vrai.

ELVIRE.

Et Anette t'aime ?

GEORGE.

Elle ne dit rien.

ELVIRE.

C'est assez en dire : vous avez envie de vous marier.

GEORGE.

Moi, j'en ai bonne envie.

ELVIRE

Et vous venez me parler de votre mariage.

GEORGE.

Non, madame.

ELVIRE.

Comment !

GEORGE.

Nous venons bien vous parler de mariage, mais ce n'est pas du nôtre.

ELVIRE.

Et du quel donc ?

ANETTE.

Madame, c'est...

ELVIRE.

C'est ?...

GEORGE.

Madame, c'est du vôtre.

ELVIRE.

Du mien !

ANETTE.

Nous vous aimons tant, George et moi ! nous n'avons le bonheur de connaître madame que depuis qu'elle est dans cette campagne, mais nous lui sommes attachés comme si nous l'avions connue toute notre vie.

ELVIRE.

Mais que voulez-vous dire? qui ? comment ? depuis quand parle-t-on de mon mariage ?

GEORGE.

C'est parce qu'on ne vous en parle pas que nous vous en parlons.

ANETTE.

Oui, vraiment; car, voyez-vous...

Air :

De George qui me fait l'amour,
Si vous soupçonniez la constance,
Si l'ingrat pouvait quelque jour,
Se jouer de ma confiance;
Vous m'en avertiriez, je croi,
Je sais qu'Anette vous est chère,
Et ce que vous feriez pour moi,
Pour vous, ne dois-je pas le faire ?

GEORGE.

Et c'est que nous ne sommes pas les seuls encore.

ELVIRE.

Pas les seuls !

GEORGE.

Non, dans le voisinage...

C

ELVIRE.

Eh bien ! dans le voisinage...

GEORGE.

On sent bien que madame ne peut pas demander quelqu'un en mariage, mais on s'étonne que ce quelqu'un ne demande pas en mariage, madame : tout franchement, Anette et moi, nous avons peur qu'on ne vous trompe, et nous en serions fâchés.

ELVIRE, *à part.*

Dieu !... et ce sont mes domestiques ! (*haut.*) Je connais votre attachement pour moi, je sais qu'il est sincère ; je vous pardonne donc l'excès de votre zèle ; mais il est indiscret, prenez-y garde.   (*elle sort.*)

SCENE VII.
GEORGE, ANETTE.

GEORGE.

Nous voilà bien récompensés.

ANETTE.

Nous méritons ce qui nous arrive, et elle a eu raison.

GEORGE.

Comment donc.

ANETTE.

Air : ***On accuse nos jeunes gens.***

Nous avons affligé son cœur,
Nous devions le prévoir d'avance,
Alors qu'on chérit son erreur,
De la vérité l'on s'offense ;
Il faut, même avec ses amis,
Par fois n'être pas trop sincère,
Et ne jamais donner d'avis
Que ceux qui peuvent plaire.

Second Couplet

Ah ! de détours on peut user
Avec la femme qui nous aime,
Il est aisé de l'abuser
Puisqu'elle s'abuse elle-même :
La raison faits de vains efforts,
Et blesse plus qu'elle n'éclaire,
On ne veut pas trouver de torts
A l'amant qui sait plaire.

GEORGE.

Aussi c'est ta faute ; avant de venir ici , que ne m'as tu permis de bien t'expliquer mon projet : il vallait mieux.

ANETTE.

C'est encore pis ; et cette fois elle ne nous pardonnerait pas.

GEORGE.

Tu ne m'as pas entendu.

ANETTE.

Je n'aime pas tout cela.

GEORGE.

C'est un brave homme.

ANETTE.

Est-il jeune ?

GEORGE.

Il n'est pas vieux.

ANETTE.

Est-il beau ?

GEORGE.

Il n'est pas laid.

ANETTE.

Est-ce qu'il serait amoureux ?

GEORGE.

Voilà comme vous êtes vous autres : est-il jeune , est-il beau , est-il amoureux ?... Il a bien de la curiosité et souvent l'amour commence par là.

ANETTE.

Ne t'a-t-il rien dit de notre amant ?

GEORGE.

Non ! je crois qu'il ignore que quelqu'un vient ici ; mais il a entendu parler de notre maîtresse , de la retraite où elle vit ; il a su que j'étais à elle ; il m'a épié, m'a acosté, m'a demandé le nom d'Elvire ; je lui ai dit celui qu'elle a pris depuis qu'elle est ici ; cela ne l'a pas contenté, il m'a prié de lé faire entrer.

ANETTE.

Mais a quoi cela servira-t-il ?

GEORGE.

S'il fait connaissance avec madame , le jeune Dercour pourra devenir jaloux , et cela le forcera à s'expliquer.

ANETTE.

Et tu as promis...

GEORGE.

Air : *De la croisée.*

Il ne demande qu'un instant,
Ou pour la voir ou pour l'entendre,
Et m'a donné...
(il montre une bourse.)

ANETTE.
Quoi ! de l'argent.
GEORGE.
Je n'ai jamais pu m'en défendre.
ANETTE.
C'est très-mal fait, tu l'avoueras :
GEORGE.
Oui , je n'aurais pas dû le prendre,
Mais je voudrais bien n'être pas
Obligé de le rendre.

Tu vois bien qu'il faut que je tienne ma promesse.
ANETTE.
Tu oserais.

GEORGE.

C'est fait : je lui ai donné la clef de la petite porte là-bas...
et si je faisais un signal... tiens, comme cela. (*il frappe deux
fois dans ses mains.*)
ANETTE.

On ouvre.

GEORGE.

C'est lui.

ANETTE.

Je me sauve.   (*elle sort en courant.*)

SCENE VIII,
GEORGE, *seul.*

Anette ! Anette !... Comment faire à présent ?... Et si elle
allait tout dire.

SCÈNE IX.

DOLBAN, GEORGE.

DOLBAN, *entrant avec mystère.*

Tu vois que je suis exact.

GEORGE, *à part.*

Que trop.

DOLBAN.

Et prudent. Eh bien , tiendras-tu ta parole ? pourrai-je entrevoir ta maîtresse ?

GEORGE , *avec embarras.*

Je l'espère.

DOLBAN.

Sans doute tu as mis Anette dans nos intérêts.

GEORGE.

Anette.

DOLBAN.

Tu m'as dit que rien ne te serait plus facile.

GEORGE.

Oui ! oui , Anette dans ce moment même s'occupe peut-être de nous (*à part.*) de nous trahir.

DOLBAN.

Mais qu'as-tu ? d'où vient cet embarras ?

GEORGE.

Je vais vous le dire franchement , il n'y a pas moyen aujourd'hui de vous introduire dans la maison ; ici, vous ne pourrez pas y rester long-tems , et comme ce matin notre maîtresse a quelque chose en tête , je crains bien qu'elle n'y vienne pas , pendant que vous y serez. . . (*à part.*) je crains bien plus d'être obligé de rendre l'argent.

DOLBAN, *à part.*

Il serait cruel de ne pouvoir éclaircir mes doutes. (*haut.*) Quel âge a ta maîtresse ?

GEORGE.

Vingt-trois ans.

DOLBAN.

Elle est venue depuis...

(22)

G E O R G E.

Depuis que son mari est mort, et il y a de cela quinze mois.

D O L B A N.

Tu m'as dit que son mari avait...

G E O R G E.

Cinquante ans plus qu'elle.

D O L B A N.

Quel peut être le motif de sa retraite ?

G E O R G E,

Je l'ignore... (*à part.*) Je le sais bien , mais je ne veux pas le lui dire.

D O L B A N.

Une jeune veuve, dont le mari avait cinquante ans plus qu'elle, cela n'est pas naturel ! Ah ! je devine ; elle aura quelque peine d'amour ; quelque perfide l'aura trompée...

G E O R G E.

Il pourrait en être quelque chose. (*à part.*) Il est fin.

D O L B A N.

Et le désespoir s'en sera mêlé.

Air : *Si des galans de la ville.*

Aisément femme s'irrite,
Et dans un dépit jaloux,
Parce qu'un amant la quitte ,
Elle veut les quitter tous.

Croit-elle être plus paisible,
En fuyant loin du trompeur ?
Quand on est jeune et sensible
On ne peut pas fuir son cœur.

Tendres beautés qu'on irrite ,
Ah ! point de dépit jaloux,
Parce qu'un amant vous quitte ;
Faudra-t-il les quitter tous ?

Brûlez d'une ardeur nouvelle,
Et dès qu'il l'a mérité,
Vengez-vous d'une infidèle ,
Par une infidélité.

Tendres beautés qu'on irrite,
Laissez les dépits jaloux ,
Parce qu'un amant vous quitte,
N'allez pas les quitter tous.

GEORGE.

Cela serait plus sage.

DOLBAN.

Mais ta maîtresse ne vient pas.

GEORGE.

Si vous vouliez revenir demain.

DOLBAN.

Je retourne ce soir à Paris.

GEORGE, *à part.*

Je suis ruiné.

DOLBAN, *à part.*

Plus je pense à ce qu'il m'a dit, à ce que j'ai recueilli, plus je me conforme dans le soupçon que c'est ma nièce! que d'inquiétudes elle ma causées.

GEORGE.

Paix ! paix !... on vient !... c'est elle !

DOLBAN.

Où ?... où ?...

GEORGE.

Cachez-vous là ! (*il le pousse au fond du bosquet.*) Surtout ne me trahissez pas. (*il entre aussi dans le bosquet.*)

SCENE X.

ELVIRE, DOLBAN, GEORGE.

(*Elvire entre lentement et tristement.*)

DOLBAN, *en l'appercevant.*

C'est elle !... c'est elle. (*il fait un mouvement pour sortir du bosquet.*)

GEORGE, *l'arrétant.*

Ne vous montrez pas.

ELVIRE, *assise sur un banc vis-à-vis du bosquet, mais en face du théâtre.*

Qu'il me tarde qu'il soit de retour !... combien je souffre!...

DOLBAN.

Elle souffre... (*il veut encore sortir du bosquet.*)

GEORGE, *l'arrétant.*

Arrêtez...

ELVIRE.

Air : *Le connais-tu , ma chère Eléonore.*
Ah ! tour à tour mon cœur craint, il espère,
Mon cœur espère, et tremble tour à tour !
Il me semblait si tendre et si sincère,
Non, on ne peut ainsi feindre l'amour.   *bis.*

DOLBAN.

Il faut que je lui parle.

GEORGE, *l'arrêtant encore.*

Songez à ce que vous m'avez promis... vous allez me
perdre.

DOLBAN.

Tu me retiens en vain , je lui parlerai. (*il sort du bosquet.*)

GEORGE.

Je me sauve.   (*il sort.*)

SCENE XI.

ELVIRE, DOLBAN.

ELVIRE , *entendant du bruit se lève avec précipitation.*
Un homme ici !

DOLBAN.

Votre oncle , ma chère nièce.

ELVIRE.

Dieux !... mon oncle !... et quel hasard...

DOLBAN.

Ma nièce , embrassez-moi. (*il l'embrasse.*) C'est le hasard
en effet ; un grand hasard m'a conduit dans votre retraite !
mais vous ! comment avez-vous pu quitter le monde ? aban-
donner ainsi un oncle qui vous aime ! si vous saviez !...

ELVIRE.

Ah ! pardon : je me suis souvent reproché les peines que
j'étais sûre de vous causer.

DOLBAN.

Ne parlons pas de mes peines , parlons des vôtres ; car je
viens de vous entendre, vous en avez !

ELVIRE.

Je suis agitée , il est vrai ; mais dans ce moment que pourrais-je vous dire ? je ne sais moi-même ce que je dois craindre ; ah ! soyez certain que si ce que je redoute m'arrive , je déposerai mes chagrins dans votre sein.

DOLBAN.

Mon cœur vous sera toujours ouvert.

ELVIRE.

Vous n'êtes pas changé ! toujours bon... et sans doute toujours gai.

DOLBAN.

Je fuis l'ennui le plus que je puis ; je vais de la ville à la campagne , de la campagne à la ville ; je cours beaucoup ; mais que voulez-vous , c'est notre destin.

Air : *Mon petit cœur à chaque instant soupire.*

Chacun de nous en fournissant sa course
Sans cesse court de la crainte à l'espoir ;
On court au bal, au spectacle, à la bourse,
On court enfin du matin jusqu'au soir :
C'est le bonheur qu'on poursuit à la ronde,
Jeunes et vieux, les sages et les foux,
Tous après lui nous courons dans ce monde ,
Mais le bonheur court plus vite que nous.

ELVIRE.

Il n'est que trop vrai.

DOLBAN.

Si on ne trouve pas le bonheur , on trouve le plaisir qui en dédommage. Pour moi , je ne le laisse pas échapper ; vous ne devineriez pas à quoi je m'amuse ! croiriez-vous que je me suis fait auteur ?

ELVIRE.

Vous , mon oncle.

DOLBAN.

Oui , ma nièce ! lisez-vous les journeaux ?

ELVIRE.

Quelquefois.

DOLBAN.

Avez-vous vu cette querelle sur les femmes ?

ELVIRE.

J'en ai là quelque chose.

DOLBAN.

Eh bien ! c'est moi qui écris...

D

ELVIRE.

Contre elles !

DOLBAN.

Non , vraiment ! pour elles.

ELVIRE.

Je reconnais là votre galanterie ; mais vous les flattez un peu.

DOLBAN.

Air : *Ça fait toujours plaisir.*

Premier couplet.

Eh ! puis-je, mon amie ,
Leur offrir trop d'encens ?
Je leur dois de ma vie
Les plus heureux instans.
Dans ma vive jeunesse,
J'avais ardeur, desir,
A ma froide vieillesse
Reste le souvenir ,
Ça fait, ça fait toujours plaisir.

Second couplet.

Ta prude, la coquette,
M'ont désolé souvent,
Mais combien je regrette ,
Ces rigueurs , ce tourment !
Oubliant les allarmes
Qu'elles m'ont fait souffrir,
Quelquefois de leurs charmes,
J'ose me souvenir ;
Ça fait , ça fait toujours plaisir.

Troisième couplet.

La maîtresse jolie
Qui charmait mon printems,
Aujourd'hui, mon amie,
Console mes vieux ans :
Nos cœurs faits pour s'entendre ,
Savent encoreouir
D'un sentiment plus tendre
Par un doux souvenir ;
Ça fait, ça fait toujours plaisir.

ELVIRE, *à part.*

Il me vient une idée ! je pourrais éclaircir mes soupçons...
(*haut.*) Votre adversaire n'est pas si galant que vous : j'ai vu des morceaux de lui.

DOLBAN.

Bon ! c'est un fou.

ELVIRE.

Comment !

DOLBAN.

Eh oui ! il est inimaginable , quand le défenseur des femmes est une barbe grise comme moi , que celui qui les attaque soit un jeune homme.

ELVIRE.

Mon cher oncle , vous ne craignez plus rien des femmes et vous en dites du bien , c'est tout simple ; mais votre adversaire n'a peut-être pas les mêmes motifs pour être indulgent.

DOLBAN.

Que peut-il craindre des femmes , puisqu'il les hait et les fuit.

ELVIRE.

Vous le nommez ?

DOLBAN.

Le connaîtriez-vous ! Dercour

ELVIRE.

Dercour... (*à part.*) Je ne me trompais pas... (*haut.*) Et ce Dercour hait et fuit les femmes !

DOLBAN.

Oui ! c'est un aimable garçon , mais qui a une prévention contre l'amour... Il ne le connaît pas , et ne le connaîtra jamais.

ELVIRE.

Vous croyez !

DOLBAN.

Beaucoup de femmes ont essayé de lui plaire , aucune n'a réussi , aucune ne réussira : il voudrait aimer maintenant qu'il n'oserait plus ; il faut bien qu'il soutienne le personnage qu'il a pris dans le monde ; s'il se démentait , il serait accablé.

ELVIRE , *à part.*

Je vois ! c'est une affaire de vanité.

DOLBAN , *qui l'a entendu.*

Oui, oui, c'est une affaire de vanité ; il en a beaucoup.

ELVIRE, *à part.*

J'aime mieux que ce soit cette raison-là. . . . pourtant je suis piquée !

DOLBAN.

Que dites-vous ? cette insensibilité vous pique ! Ah ! il serait plaisant que la difficulté de la conquête vous inspirât le desir de la tenter : je serais bien aise que ce motif vous ramenât à la ville ; mais je ne vous conseille pas de vous y jouer.

ELVIRE.

Certainement, mon oncle, je n'oserais assez présumer de mon faible mérite.

DOLBAN.

Point de fausse modestie ; vous êtes fort aimable ; mais toute aimable que vous êtes vous ne réussirez pas plus qu'une autre.

ELVIRE.

Vous êtes sûr ?

DOLBAN.

Très-sûr ; et, si vous m'en croyez, vous n'exposerez pas vos charmes à cette humiliation.

ELVIRE, *regarde dans le jardin et appelle.*

George.

SCENE XII.

DOLBAN, ELVIRE, GEORGE.

ELVIRE, *à part, à George.*

Sitôt que Dercour arrivera, tu viendras m'avertir.

GEORGE.

En ce cas, madame, je vous avertis, car je viens de le voir descendre de cheval à la grande grille.

ELVIRE.

Va lui dire que je l'attends ici.　　(*George sort.*)

SCENE XIII.

DOLBAN, ELVIRE.

ELVIRE.

Mon oncle, entrez dans ce pavillon.

DOLBAN.

Ma nièce, et pourquoi.

ELVIRE.

Entrez, vous dis-je ! regardez, écoutez, mais surtout ne vous montrez pas...

DOLBAN.

En vérité, ceci ressemble à une aventure.

ELVIRE.

Elle pourra vous divertir.

(Dolban se cache dans le pavillon.)

SCENE XIV.

ELVIRE, DOLBAN, *dans le pavillon.*

ELVIRE.

Me voilà rassurée sur sa fidélité ; mais je ne suis pas content... Il rougirait de son amour.

SCÈNE XV.

ELVIRE, DERCOUR, DOLBAN, *caché.*

(Dercour entre d'un air inquiet, cherchant le papier qu'il a perdu ; Elvire est allé s'asseoir dans le bosquet sur le devant de la scène, vis-à-vis du pavillon.)

DOLBAN, *à part, dans le pavillon, en voyant entrer Dercour.*

En croirai-je mes yeux ! c'est lui, c'est Dercour. Quelle rencontre.

ELVIRE.

Vous voilà de retour, monsieur, allons, vous êtes de parole.

DERCOUR.

Je vous avais promis de n'être pas plus d'une heure. (*il cherche toujours.*)

ELVIRE.

Vous paraissez, mécontent : auriez-vous à vous plaindre de votre voyage ?

DERCOUR.

Je n'ai pas lieu d'en être très-satisfait... mais c'est une chose si peu importante...

ELVIRE.

Parlons d'autre chose. Je gage que vous ne m'avez pas te-
nu votre promesse et que vous ne me direz pas les noms des
deux qui écrivent pour et contre les femmes.

DOLBAN, *à part.*

Certes non, il ne le dira pas.

DERCOUR.

Je suis resté trop peu de tems... d'ailleurs pourquoi vous
occuper de cette querelle et de ses auteurs.

ELVIRE.

J'ai un désir extrême de les connaître, et même, vous le
dirai-je, j'ai un soupçon.

DERCOUR.

Un soupçon.

ELVIRE.

Sur vous.

DERCOUR.

Sur moi.

ELVIRE.

Je crois que vous connaissez ces auteurs.

DOLBAN, *à part.*

Très-bien.

DERCOUR.

Pourquoi vous cacherais-je ?... (*à part.*) Je ne sais ce que
je dis.

ELVIRE.

L'un d'eux est sûrement de vos amis.

DERCOUR.

De mes amis.

ELVIRE.

Un ami particulier.

DOLBAN, *à part.*

Très-particulier.

ELVIRE.

Et comme vous savez que je désapprouve cette querelle,
vous ne voulez pas me le nommer pour ne pas lui nuire dans
mon esprit. Allons, convenez que j'ai deviné.

DERCOUR.

En vérité, c'est une chose dont je ne puis convenir. . . (*à
part.*) Les aurais-je perdus ici ?

ELVIRE.

Mais que cherchez-vous donc ? ah ! serait-ce ces couplets que j'ai trouvés tantôt , après que vous avez été sorti ?

DERCOUR.

Vous avez trouvé ces couplets.... (*à part.*) Quelle étourderie !

ELVIRE.

J'ai voulu les chanter , mais je ne me suis pas rappellé l'air, vous le savez : chantez-les moi.

DOLBAN, *à part.*

Ecoutons.

DERCOUR.

C'est une plaisanterie.

ELVIRE.

Non ! c'est très-sérieusement que je vous en prie.

DERCOUR.

Je chante si mal.

ELVIRE.

Eh non ! d'ailleurs pour moi ! ... Craignez-vous qu'on ne vous écoute ?

DERCOUR.

Oh ! de grace , dispensez-moi.

ELVIRE.

Prenez garde... je pourrais bien étendre mes soupçons...

DERCOUR , *avec précipitation.*

J'obéis. ..... (*il prend les couplets.*) (*à part.*) Maudite étourderie.

ELVIRE.

Je vous écoute.

DERCOUR.

Air : *Du cit. Vacher.*
Premier couplet.

Lycidas contre moi des femmes...

DOLBAN, *à part.*

Ceci me regarde.

DERCOUR.

Défend et l'esprit et l'humeur ;
En vérité, je plains ces dames
D'avoir un pareil défenseur.
De leur cœur, de leur caractère,
Peut-être, amis, je ferais cas,

Si Lycidas
N'en parlait guère,
Si Lycidas
N'en parlait pas.

ELVIRE.

Cela n'est pas très-poli.

DOLBAN, *à part.*

Surtout pour moi.

ELVIRE.

Allons , le second couplet.

DERCOUR.

Second couplet.

Pour la grace simple et facile,
Pour la gaîté , le sentiment ,
Des femmes on vante le style,
Mais sans les lire , assez souvent,
Comme exemple en cite Glicère,
De ces , talens je ferais cas,
   Si Lycidas
   N'en parlait guère,
   Si Lycidas
   N'en parlais pas.

DOLBAN, *à part.*

Mais.... est-ce de lui qu'on se joue ou de moi ? (*Dercour
veut mettre le papier à sa poche.*)

ELVIRE.

Il y a encore un couplet.

DERCOUR.

En voilà bien assez !

ELVIRE.

Non ! non ! je n'en veux rien perdre.

DERCOUR, *à part.*

Je souffre le martyre.

Troisième couplet.

L'amour, ce maître de la terre,
Tôt ou tard doit nous enflammer ;
C'est un plaisir, dit-on, de plaire,
C'est un plaisir plus grand d'aimer.
Aimer une femme et lui plaire,
De ce bonheur je ferais cas,

Si Lycidas
N'en parlait guère,
Si Lycidas
N'en parlait pas.

DOLBAN, *à part.*

Celui-là n'est pas mon affaire.

ELVIRE.

Ce dernier couplet est d'un homme peu sensible.

DERCOUR.

Ce peut bien n'être qu'un jeu d'esprit ; on dit souvent en badinant ce qu'on est loin de penser.

ELVIRE.

D'ailleurs les couplets sont mauvais.

DERCOUR.

Mauvais.

ELVIRE.

Oui.

DERCOUR.

Ils peuvent exprimer des sentimens repréhensibles... mais pour mauvais, je ne les crois pas mauvais.

ELVIRE.

Comme vous prenez feu ! quand vous en seriez l'auteur !... Je serais tenté de le croire : mais je vous l'avoue, Dercour, j'en serais offensée ; vous m'auriez trompée ; vous auriez fait plus, vous m'auriez sacrifiée à votre vanité ; vous rougiriez de votre tendresse pour moi.

DERCOUR.

Elvire, je vous aime, je vous adore ; ma vie est à vous et mon bonheur est dans mon amour.

DOLBAN.

Peste ! quel ennemi des femmes.

ELVIRE.

Je veux bien ne pas approfondir ceci ; mais j'exige...

DERCOUR.

Ah ! parlez.

ELVIRE.

Que vous répondiez à ces couplets.

DERCOUR.

Moi !

E

ELVIRE.

Par trois autres couplets ! vous n'avez que ce moyen de me dissuader ; et je ne vous donne qu'un quart-d'heure.

DERCOUR.

Vous voulez que sur-le champ... en un quart-d'heure.

ELVIRE.

Je serai indulgente ; c'est ma condition ; faites ce que je demande ou nous sommes brouillés pour la vie.

DERCOUR.

Comment vous refuser.

ELVIRE.

Tenez, voilà la clef de mon cabinet ; vous y trouverez des plumes , du papier, tout ce qu'il vous faut. Le lieu pourra vous inspirer , j'espère.

DERCOUR.

Vous me promettez beaucoup d'indulgence...

ELVIRE.

Oui ; mais je ne vous donne qu'un quart-d'heure , son-gez-y.   (*il sort.*)

SCENE XVI.

ELVIRE, DOLBAN, *il sort du pavillon en riant aux éclats.*

ELVIRE.

Eh bien ! mon oncle.

DOLBAN.

Eh bien ! ma nièce.

ELVIRE.

Le voilà cet ennemi de l'amour; aucune femme ne saurait lui plaire ; je l'essayerais en vain.

DOLBAN.

Ma chère nièce, je ne suis auprès de vous qu'un sot ; mais je ne suis pas le seul : convenez pourtant que j'ai bien fait de prendre le parti de dire du bien des femmes, car si on voulait en dire du mal...

ELVIRE.

On en aurait trop à dire , n'est-ce pas ?

(35)

DOLBAN.

Mais de qui vous moquiez-vous ici ?

ELVIRE.

Je sens, mon oncle, que votre position...

DOLBAN.

J'en ai ri comme un fou !

ELVIRE.

D'ailleurs...

Air : *A Paris et loin de sa mère.*

J'aime Dercour, je le confesse,
Et je n'ai pu voir sans douleur
Que l'amour-propre à la tendresse
Ait oser disputer son cœur.
Une assez légère vengeance,
Pourra corriger l'indiscret ;
Ah ! mon cher oncle, en conscience,
Dites, dites-moi n'ai-je pas bien fait,
N'ai-je pas bien fait !

DOLBAN.

Même air.

Aux agrémens de la jeunesse,
Dercour joint des mœurs, de l'honneur,
Mais l'amour-propre à la tendresse
Doit être immolé dans son cœur ;
Si votre plaisante vengeance,
Peut corriger cet indiscret.
Ma chère nièce, en conscience,
Dites, dites que vous avez bien fait,
Vous avez bien fait.

SCENE XVII.

ELVIRE, DOLBAN, ANETTE.

ANETTE, *elle arrive en courant.*

Ah ! madame, montez dans votre cabinet ; jamais je n'ai vu un homme dans cet état.

ELVIRE.

Qu'a-t-il ?

ANETTE.

Il s'asseoit, il se lève, il écrit, il déchire le papier, il frappe du pied, se mort les doigts, va, vient, court, crie. . . .

DOLBAN.

Oh ! ce n'est rien.

ELVIRE.

L'enthousiasme.

DOLBAN.

Le délire poétique ; et puis un poète satyrique obligé de louer...

ELVIRE.

C'est pénible.

DOLBAN.

Ce pauvre garçon.

ELVIRE.

Son embarras me fait pitié.

DOLBAN.

Il a mérité ce qu'il lui arrive , c'est Minerve qui se venge.

ANETTE.

Je le vois qui vient.

ELVIRE.

Mon oncle , c'est à vous à le recevoir.

DOLBAN.

Volontiers.

ELVIRE.

Mettez-vous là.

(*Dolban reste sur le devant du théâtre ; Elvire se retire dans le fond avec Anette.*)

SCENE XVIII.

DOLBAN , *dans le bosquet*, DERCOUR.

DERCOUR , *en entrant sans voir Dolban.*

Vous serez au moins satisfaite de ma promptitude... (*il approche du bosquet et voit Dolban*) Dieux ! (*il cache le papier qu'il tient.*)

DOLBAN , *sortant du bosquet.*

Eh ! bonjour, mon cher Dercour.

DERCOUR , *à part.*

Quelle funeste rencontre !

DOLBAN.

Vous voilà bien surpris ; mais votre étonnement va cesser quand vous saurez que nous sommes chez ma nièce.

DERCOUR.

Elvire!... votre nièce?

DOLBAN.

Elle-même.

DERCOUR, *à part.*

Je suis perdu.

DOLBAN.

Quel plaisir j'ai eu de la retrouver !... Ah ça ! nous dînons ensemble ; voilà bien assez long-tems que nous ne nous disputions qu'avec la plume ; mais aujourd'hui à dîner, Elvire sera notre juge.

DERCOUR.

Gardez-vous en bien.

DOLBAN.

Pourquoi?

DERCOUR.

Devant une femme...

DOLBAN.

Qu'importe ?

DERCOUR.

Dire du mal des femmes ; vous sentez bien que je trahirais ma cause par délicatesse.

DOLBAN.

Vous auriez cette faiblesse-là.

DERCOUR.

Je vous en prie, ne parlons pas de tout cela, et surtout ne dites pas que je suis l'auteur...

DOLBAN.

Savez-vous que voilà de la modestie bien mal placée : ce que vous avez fait peut bien s'avouer et je veux vous en faire honneur auprès de ma nièce, elle en sera charmée.

DERCOUR.

Elle en sera offensée.

DOLBAN.

Non. Ce n'est pas une femme comme un autre ; il faut même que je vous sache aussi affermi dans vos principes que vous l'êtes, pour n'être pas fâché que vous ayez fait sa connaissance : tout autre risquerait sa liberté auprès d'elle ; mais vous ! bah !... je suis sûr que vous n'avez rien risqué : elle n'a fait aucune impression sur votre cœur, n'est-ce pas ?

DERCOUR, *à part.*

Sont-ils d'accord pour me jouer ?... (*haut.*) Promettez-moi le secret.

DOLBAN.

Voilà ce que je ne me promets sûrement pas.

SCENE XIX.

ELVIRE, DOLBAN, DERCOUR, ANETTE.

ELVIRE, *en entrant.*

Eh bien ! mon cher Dercour, ces couplets...

DOLBAN.

Des couplets ?

ELVIRE.

Qu'il a faits à ma prière.

DOLBAN.

Il les fait bien.

DERCOUR.

C'est une plaisanterie faite par soumission, mais qui n'amuserait pas Dolban.

DOLBAN.

Au contraire, je suis sûr que cela m'amusera beaucoup.... Cependant si je gêne...

ELVIRE.

Non, mon oncle, non : vous connaissez les auteurs, il faut les prier.

DERCOUR, *à part.*

Ils sont d'intelligence.

ELVIRE, *à part, à Dercour.*

Ou brouillés pour la vie, vous savez.

DERCOUR.

J'obéis encore. (*il tire le papier.*)

ELVIRE.

Un moment. (*à Anette.*) Appellez George.

ANETTE.

Le voici, George.

SCENE XX.

DOLBAN, ELVIRE, DERCOUR, ANETTE, GEORGE.

GEORGE.

Me voilà.

ELVIRE.

Préparez un cheval et disposez-vous à aller à Paris.

GEORGE.

A Paris !

DERCOUR.

A Paris.

DOLBAN.

A Paris.

GEORGE.

Je ne demande pas mieux.   (*Il sort.*)

SCENE XXI.

ELVIRE, DOLBAN, DERCOUR, ANETTE.

DERCOUR.

Ce voyage...

ELVIRE.

Vous inquiète... vous saurez mes raisons.

DOLBAN.

Oui, oui! on vous expliquera cela ; chantez toujours.

DERCOUR.

Puisqu'on l'exige.

Air : *Du cit. Vacher.*

Premier couplet.

Des femmes plus d'un censeur,
Se montrerait moins austère,
S'il pouvait trouver leur cœur
Moins fier pour lui, moins sévère :
Contre elles son vain dépit
Fait parler la médisance ;
Toujours le mal qu'il en dit
Prouve le bien qu'il en pense.

(*Tous répètent le refrein.*)

DOLBAN.

Ce n'est pas là votre style ordinaire ; je ne ferais pas mieux, moi qui m'en pique. . . Y en a t-il encore ? (*il regarde.*) encore deux ; je veux chanter le second. (*il prend le papier.*)

Deuxième couplet.

Coquette, comme à vingt ans,
La sage et rigide Ismène,
Qui vois fuir tous les amans,
Contre l'amour se déchaîne ;
Lise que par-tout on suit,
Souffre de sa médisance,
Oui, mais le mal qu'elle en dit,
Prouve le bien qu'elle en pense.

(*Ils répètent le refrein.*

ELVIRE.

Je vais chanter le troisième.

DERCOUR.

Ah ! permettez que ce soit moi. (*il reprend le papier.*)

Troisième couplet.

Cellequ im'a su charmer,
En tout lieux faite pour plaire,
Pourrait seule désarmer
Le censeur le plus sévère.
A l'enjouement, à l'esprit,
Elle joint grace, décence ;
C'est du bien que l'on en dit,
C'est du bien que l'on en pense.

(*Tous répètent le refrein , excepté Elvire.*)

DOLBAN.

Pas mal du tout.

SCENE XXII.

ELVIRE, DOLBAN, DERCOUR, ANETTE, GEORGE.

GEORGE ; *en botte , un fouet à la main.*
Me voilà.

ELVIRE.

Tu vas porter ces couplets à Paris.

DERCOUR.

A Paris , mes couplets.

ELVIRE.

J'exige qu'ils soient insérés dans un journal.

DERCOUR.

Vous auriez cette cruauté.

ELVIRE.

J'exige de plus que vous les signez.

ANETTE.

Je vais chercher l'écritoire. (*elle va en prendre un dans le pavillon.*)

ELVIRE, *à part.*

Voyons quel parti il prendra.

GEORGE.

Mais où pourrai-je trouver un journal ?

DOLBAN.

C'est bien difficile... à tous les coins de rue.

ANETTE.

Voilà l'écritoire.

(*Dercour s'approche de la table et signe.*)

DOLBAN, *à Elvire.*

Ma nièce, vous poussez la vengeance un peu loin.

DERCOUR, *à George.*

Voilà les couplets signés ; voilà l'adresse d'un journal , pars.

ANETTE.

Reste , le dernier mot n'est pas dit.

GEORGE.

Ah ça! partirai-je , resterai-je ? l'un me dit va, l'autre arrête.

DERCOUR.

Pars !

ELVIRE.

Reste. (*elle reprend les couplets.*)

(*Anette sort avec George.*)

F

SCENE XXIII ET DERNIERE.
ELVIRE, DOLBAN, DERCOUR.

ELVIRE.

Non ! les couplets ne seront pas imprimés ; mais convenez
que je me devais cette petite vengeance.

DERCOUR, *à genoux.*

Je sens tous mes torts ; puissai-je obtenir le prix de mon
repentir !

DOLBAN.

Ce prix sera sa main , et tout mon bien sera sa dot.

ELVIRE.

Ah ! mon oncle.

DERCOUR.

Ah ! mon ami , vous me vaincrez donc toujours.

DOLBAN.

Vous verrez qu'il vaut mieux être mon neveu que mon adversaire. Convenez que vous donniez là dans un grand tra-
vers : sans doute les femmes ont des défauts.

Air : *Cet arbre apporté de Provence.*

Pourtant les hommes d'âge en âge ,
Les aiment et les aimeront :
Entre nous-même il est fort sage ,
De les aimer comme elles sont ;
Oui , n'attendez pas que ces dames ,
Soient sans défauts, je les connais :
Tenez, mon cœer, elles sont femmes
A ne se corriger jamais.

DERCOUR.

Comme elles sont , elles valent bien qu'on les aime.

DOLBAN.

Et croyez que le bonheur qu'on goûte en ménage est le
seul pur et vrai.

VAUDEVILLE.

Air *du vaud. de l'Isle des Femmes.*

DOLBAN.

L'homme qu'en toute chose on voit,
Toujours d'accord avec lui méme ,

Toujours sincère , simple et droit,
Voilà l'homme que chacun aime ;
Mais combien n'est-il pas de gens
Qui changent à toute rencontre ,
Et qui, suivant les lieux, les tems ,
Soutiennent le Pour et le Contre.

DERCOUR.

De Boileau, disciple imprudent ,
Des femmes j'aimais à médire :
Mais contre leur pouvoir charmant ,
Que pent une folle satyre ?
Voyez aussi comme l'amour
Se rit du dépit qu'on leur montre ;
Il sait que le cœur parle pour
Lorsque le cœur parle contre.

ELVIRE, *au public*.

Nous voyons les auteurs tremblans
Sur le sort d'un nouvel ouvrage,
Quand les avis sont différens ;
Dès que le public se partage :
Il n'en est pas ainsi ce soir,
Et sans craindre de malencontre ,
Nous voudrions bien tous vous voir
Soutenir le Pour et le Contre.

FIN.

CATALOGUE

Des pièces de théâtre qui se trouvent chez ·le même Libraire.

TRAGÉDIES.

Abdélazis et Zuleima, de Murville.
Abufar, de Ducis, en 4 actes.
Agamemnon, Lemercier.
Épicaris et Néron, en 5 actes.
Fénélon, de Chénier, 5 actes.
Geneviève de Brabant.

Manlius Torquatus.
Marius a Minturne.
Ophis, par l'auteur d'Agamemnon.
Othello, de Ducis.
Toénaïs et Zélisca.
Thimoléon, de Chénier.

COMÉDIES.

Abbé (l') de l'Epée, de Bouilly, en 5 actes.
Adélaïde de Bavières, en 3 act.
Alceste à la campagne, Demoustier.
Ami (l') du peu, le, en 3 a. en vers.
Ami à l'épreuve, en un acte.
Amis (les) de Lais, de Laya.
Arrivée (l') du maître, de Dumaniant.
Artistes (les), en 4 actes, Collin-d'Harleville.
Banquier (le), en 3 actes.
Cadet-Roussel, ou le café des aveugles.
Cadet-Roussel (mort de)
Cadet-Roussel Barbier.
Cadet-Roussel maître de déclamation.
Cadet-Roussel, misantrope.
Café d'une petite ville, en 1 acte, en vers.
Canardin, ou les amours du quai de la volaille, parade.
Catherine, ou la belle fermière.
Château (le) des Appennins ou le fantôme.
Chevalier Noir (le), drame en 3 act.
Concilliateur (le), de Demoustier, en 5 actes en vers.
Conteur (le), ou les deux postes, en 3 actes.
Châteaux (les) en Espagne, de Collin-d'Harleville.
Claudine de Florian, 3 act.
Cœlina ou l'enfant du mystère, 3 actes.
Commissionnaire (le) ou Cange.
Cordonnier (le) de Damas.
Crac dans son petit castel, en un acte, en vers, de Collin.
Crimes (les) de la noblesse.
Défiances et malice, en 1 acte.

Désespoir de Jocrisse, de Dorvigny.
Deux font la paire.
Deux mères, (les) 1 acte.
Divorce (le), par Demoustier.
Double assaut, en 1 acte.
Dragons (les), de Pigault.
Dragons en cantonnement, id.
Écoles (l') des jeunes femmes, de Collin d'Harleville.
Empirique (l'), de Pigault.
Fausse (la) mère, en 3 act.
Femmes (les) en 3 actes, en vers de Demoustier.
Foux (les) hollendais, ou l'amour aux petites maisons.
Frères (les 2), de Patrat, en 4 act. en prose.
Henri et Périne, de Dumaniant, en 1 acte.
Homme (l') à trois visage.
Inconstant, (l') de Collin.
Isaure et Gernance, de Dumaniant.
Intérieure (l') des comités révolutionnaires.
Intrigans, (les) de Dumaniant.
Intrigue (l') épistolaire, 5 actes.
Jaloux (le) malgré lui.
Je cherche mon père.
Jeune (la) hotesse.
Jocriss changé de condition.
Jocrisse congédié, de Dorvigny.
Jodelet, de Dumaniant.
Jugement de Salomon.
Kiki, ou l'île imaginaire, folie en 3 actes.
Kosmouck, ou les Indens en Angleterre, en 5 actes.
Laure et Fernando, en 4 act. de Dumaniant.
Lovelace français.
Madame Angot au sérail.
Maison (la) de prêt, en 3 actes.

Mariniers de Saint-Cloud.
Mari (le) coupable.
Mariage (le) de Jocrisse.
Marquise (la) de Pompadour.
Minuit, de Desaudras.
Mœurs du jour, en 5 actes.
Naufrage, (le) ou les héritiers, Du-
 val.
Niais de Sologne
Nitouche et Guignolet, en 1 acte,
 de Dorvigny.
Nourjahad et Chérédin, en 4 act.
 en prose
Orpheline, (l') de Pigault.
Paix, (la) de Aude, en 3 actes.
Partie de chasse de Henri IV, n.
 édit.
Paméla, en 5 actes, en vers.
Perruque (la) blonde, Picard.
Préjugé (le) vaincu.
Provinciaux (les) à Paris, en 4 act.
 de Picard.

René Descartes, de Boully.
Rivaux (les) d'eux-mêmes.
Robert, chef des brigans.
Roland Monglave.
Rosa ou l'hermitage du torrent.
Rosélina ou le château de Torento.
Ruse déjouée, de Dumaniant.
Secret découvert, Dumaniant.
Sérail du Grand Mogol, 3 actes.
Sourd (le) ou l'auberge pleine.
Souper (le) des Jacobins.
Souper (le) imprévu, ou le cha-
 noine de Milan.
Tribunal redoutable, suite de Ro-
 bert.
Vengeance (la), de Patrat.
Victimes (les) cloîtrées.
Veuve (la) du républicain.
Victor ou l'enfant de la forêt.
Vieux (le) célibataire, de Collin-
 d'Harleville.

O P É R A.

Ambroise, de Monvel, 2 act.
Anacréon chez Policrate.
Bénouski, de Duval, 3 act.
Deux journées, Boully.
Duel (le) de Bambin, de Dumaniant.
Entresol (l').
Epreuve (l') du républicain.
Faux (le) monnoyeur.
Gulnare, de Marsollier.
Léonore, ou l'amour conjugal.
Maison (la) isolée.
Mari d'emprunt, en 1 acte.
Mélidor et Phrosnie.
Odoiska, ou les tartares.
Oncle (l') et le valet, Duval.
Owinska, en 3 actes.

Pauvre (la) femme.
Pierre le Grand, de Bouilly.
Prisonnière (la), en 1 acte.
Raoul barbe bleue, de Sédaine.
Raoul, sir de Créquy, de Monvel.
Sargines, de Monvel.
Sophie et Moncar, de Guy.
Stratonice, en 1 acte.
Trente et Quarante, Duval.
Une matinée de Catinat, ou ta-
 bleau, de Marsollier.
Venzel, ou le magistrat..
Visitandines, (les) de Picard.
Zoé, ou la pauvre petite.
Zoraïme et Zulnare.

V A U D E V I L L E S.

Amans (les) prothée.
Amours (les) de M. Jaquinet.
Assemblées (les) primaires.
Avare (l') et son ami, par Radet
 et Rabauteau.
Aveugles (les) mendians, en 1 act.
 de Léger.
Banqueroute du Savetier, en 1 act.
 de Martainville.
Berquin, en 1 acte.
Billet de logement, en 1 acte.
Boites (les) du camp de Grenelle.
Cadet Roussel aux Champs-Eli-
 sées, ou la colère d'Agamemnon.

Cacaphonie, (la) ou la paix.
Champs (le) de Mars.
Chasse (la) aux loups.
Chaudronier (le) de Saint-Flour.
Cricri, ou le mitron de la rue de
 l'Oursine, par l'auteur des deux
 Jocrisses.
Christophe Morin, en 1 acte.
Danse (la) interrompue, de Barré
 et Ourry, en 1 acre.
Déguisement villageois.
Désirée, ou la paix au village, al-
 légorie, en 1 acte, par Étienne
 Moras et Nanteuil.

Dentiste (le), de Martainville.
Deux (les) pères pour un.
Deux (les) Jocrisses, de Armand-Gouffé.
Dîner d'un héros, en 1 acte.
Ecole des mères, ou Cendrillon, 2 actes, Desfontaines.
Fagotin, ou l'Espiègle de l'île Louvier, de Duval.
Florian, par l'auteur de l'Abbé de l'Epée, en 1 acte.
Frosine, ou la dernière venue, épisodique, de Radet.
Galant (le) savetier,
Hiver (l') ou les deux moulins.
Ida, ou que deviendra-t-elle ? de Radet, 2 actes.
Intérieur (l') d'un ménage républicain.
Intrigue (l') de carrefour, de Martainville, auteur du Concert Feydeau.
Jean-Monet, directeur de l'Opéra-Comique, en 1 acte.
Jolie (la) Parfumeuse, ou la robe de conseiller, en 1 acte.
Madame Angot ou les poissardes parvenues.
Mariage de Nanon, suite.
Mariage, (le) de Dufresny.
Mon oncle Antoine, en 1 acte.
Mur mitoyen, en 1 acte.
Nicaise, Armand-Gouffé.
Noce (la) de Lucette.
Noé ou le monde repeuplé.

Papirius, ou les femmes telles qu'elles étaient, en 1 acte.
Parchemin, greffier de Vaugirard, en 1 acte, par un des auteurs de Vadé à la Grenouillère.
Petits (les) Montagnards.
Philippe le Savoyard, ou l'origine des Pont-Neufs, en 1 acte, Arm. Gouffé.
Pigmalion à Saint-Maur.
Piron à Beaune, en 1 acte.
Portraits au salon, en 1 acte.
Pour et Contre, en 1 acte.
Prétendu de Gisors.
Revue (la) de l'an VI.
—de l'an VIII.
—de l'an IX.
Robert le Bossu, en un acte.
Soirée aux Champs-Elisées.
Suspects, (les) de Picard.
Tableaux (le) des Sabines.
Télémaque cadet.
Un, deux, trois et quatre ou les quatres Constitutions, par Martainville, 2 actes.
Vaccine [la], folie vaudeville, 1 a.
Vadé chez lui, en 1 acte.
Villageois [le] qui cherche son veau.
Ville [la] et le village, en 1 acte.
Vieux Major [le], en 1 acte.
Le Chat Botté, 4 actes, Cuvelier.
Crispin tout seul.

www.ingramcontent.com/pod-product-compliance
Ingram Content Group UK Ltd.
Pitfield, Milton Keynes, MK11 3LW, UK
UKHW031746170726
13836UKWH00002B/910